Gott lässt grüßen

Andrea Schwarz

Gott lässt grüßen

52 Entdeckungen

Patmos Verlag

VERLAGSGRUPPE PATMOS

PATMOS
ESCHBACH
GRÜNEWALD
THORBECKE
SCHWABEN

Die Verlagsgruppe
mit Sinn für das Leben

MIX
Papier aus verantwortungsvollen Quellen
FSC® C014496

Für die Schwabenverlag AG ist Nachhaltigkeit ein wichtiger Maßstab ihres Handelns. Wir achten daher auf den Einsatz umweltschonender Ressourcen und Materialien.

www.patmos.de

Umschlaggestaltung: Finken & Bumiller, Stuttgart
Umschlagabbildung: © Melpomene / shutterstock
Innenabbildungen: Julia Feist, Hannover
Gestaltung, Satz und Repro: Schwabenverlag AG, Ostfildern
Druck: GGP Media Gmbh, Pößneck
Hergestellt in Deutschland
ISBN 978-3-8436-0709-4 (Print)
ISBN 978-3-8436-0710-0 (eBook)

Inhalt

Mai

Juni

Juli

August

Vorwort

Lieber Leser, liebe Leserin,

diese Geschichte ist tatsächlich vor einigen Jahren passiert: Angelo Stipinovich, Pfarrer in Viernheim, schickte eine Mail an ein älteres Ehepaar aus der Gemeinde, weil er einen Termin bestätigen wollte. Und er unterschrieb seine Mail mit »glg«, bei Mails eine durchaus gebräuchliche Abkürzung für »Ganz liebe Grüße«. Das Ehepaar hatte damals noch nicht so viel Erfahrung mit Mails – und war deshalb auch mit dem Kürzel nicht vertraut. So saßen die beiden am Abend vor dem Computer und rätselten, was denn »glg« bedeuten könnte. Und fanden schließlich die Lösung: Wenn diese Mail vom Pfarrer kommt, dann kann es nur heißen »Gott lässt grüßen«!

Gott lässt grüßen. Welch wunderschöner Satz – und welche Aussage! Ich glaube, da ist ganz viel Wahres dran! Mitten in die Routinen und Mühen unseres Alltags hinein schickt Gott uns einen Gruß und zeigt, dass er an uns denkt. Er ist kein Gott, der sich mit der einen Stunde am Sonntag in der Kirche zufrieden gibt (da erreicht er ja sowieso schon nicht mehr alle!), sondern er ist ein Gott, der das Leben der Menschen teilen will. Und deshalb »schmuggelt« er sich auch immer wieder in unseren Alltag hinein.

Manche verbinden mit Gott nur die ganz großen und spektakulären Dinge, die richtig Eindruck machen. Natürlich beeindrucken der Sonnenuntergang am Meer oder der große Regenbogen und lassen einen vielleicht an Gott denken; bei einer Taufe stellt man das Kind unter Gottes Schutz; die Weihnachtsmette mit dem kraftvollen »Transeamus« rührt an ... Aber all das wäre Gott viel zu wenig.

Er will sich mitten im Alltag finden lassen, sozusagen jeden Tag, jede Stunde, mitten in all den kleinen Dingen, die uns oft so beschäftigen und besetzt halten. Er will sich finden lassen in all den Dingen, die uns tagtäglich umgeben, die unseren Alltag ausmachen.

Die Mystiker, Menschen, die Gott besonders nahe waren, haben das schon immer gewusst: Teresa von Avila fand Gott durchaus zwischen den Kochtöpfen und Meister Eckhart im Stall. Warum Gott also nicht zwischen Heftpflaster und Terminkalender, Strafzettel und Kochrezepten entdecken? Man muss nur auf die Idee kommen, ihn da zu suchen beziehungsweise sich von den Dingen an ihn erinnern zu lassen. Gott lässt grüßen – mitten im Alltag!

Darauf möchten die Texte in diesem Buch neugierig machen. Und darüber hinaus wollen sie einladen, auch auf die »besonderen« Zeiten im Kirchenjahr, wie die Osterzeit und den Advent, einmal anders hinzuschauen und hinzuhören.

Ehrlicherweise möchte ich deshalb sagen, dass das Lesen dieses Buches durchaus Konsequenzen haben kann. Es könnte sein, dass Sie anschließend mit Kreuzworträtseln, Quittungen und Prospekten anders umgehen als bisher. Und da die Texte keinen Anspruch auf Vollständigkeit erheben – ganz im Gegenteil! –, könnte es auch sein, dass Sie neugierig darauf werden, wo und wie Sie mitten im Alltag Gott entdecken können, z. B. beim Warten an der Bushaltestelle, dem Klingeln an der Tür oder beim Abheften eines Briefes in einen Aktenordner.

Für mich wäre das mehr als in Ordnung – aber sagen Sie bitte anschließend nicht, ich hätte Sie nicht gewarnt!

In diesem Sinn – viel Freude beim Entdecken!
Und: glg – Gott lässt grüßen!

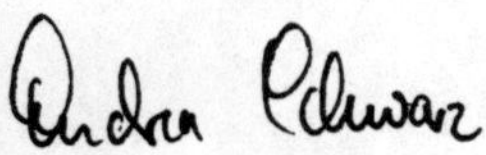

Januar

Vorzeichen

Mit Gott

In alten Kassenbüchern, gut verwahrt in entsprechenden Archiven, kann man es manchmal noch lesen: Fein säuberlich steht da auf der ersten Seite geschrieben: »Mit Gott«. Und erst danach kommen die Zahlen über Einnahmen und Ausgaben, Kredite und Schulden, und das ganz profane Geschäft.

»Mit Gott« – wäre das nicht eine gute Überschrift für die erste Seite des noch unbeschriebenen neuen Jahres? All das, was das neue Jahr uns bringen mag, unter dieses Vorzeichen stellen – all das Schöne und Traurige, das Frohe und Belastende, die Katastrophen und die kleinen Wunder. All das, was uns Menschen angeht, berührt, betrifft, bewegt – mit Gott. Und eben nicht nur während einer Stunde am Sonntag in der Kirche ..., sondern jeden Tag neu.

Gott will das Leben mit uns leben. Deshalb ist er Mensch geworden – damit er in unser Leben »hineinpasst«, genau zwischen all den Mails und dem Mittagessenkochen, zwischen Einkaufen und Bettenmachen und die Mülltonne vor die Tür stellen.

Aber wir müssen ihn auch in unser Leben hineinnehmen. Er ist da, aber drängt sich nicht auf. Er lässt uns die Freiheit, »nein« zu sagen.

Teresa von Avila soll einmal gesagt haben: »Gott und ich sind immer in der Mehrheit!«

Warum also das neue Jahr nicht mit Gott? Mit Gott – für das Leben.

Routine

Willkommen im Alltag

So allmählich kehrt ein wenig Alltag ein. Die Kinder gehen wieder zur Schule oder in den Kindergarten, im Büro kommen die Kollegen vom Winterurlaub zurück, die Mülltonne wird wie gewohnt dienstags geleert und nicht schon am Montag oder erst am Mittwoch, zum Mittagessen gibt es mal wieder Nudeln mit Tomatensoße, alles findet irgendwie in seinen normalen Gang zurück. Der freie Tag ist der Sonntag – und eben nicht ein Donnerstag –, und dann fängt die Arbeit am Montag neu an.

Nach drei Wochen »Ausnahmezustand« tut auch ein wenig Routine und Alltag wieder gut – und es hat schon seinen Grund, dass man in diesen Tagen immer wieder mal den Stoßseufzer zu hören bekommt: »Ich bin auch froh, dass die ganzen Feiertage jetzt rum sind!« Immer nur Fest, immer nur feiern – das kann auch ganz schön anstrengend sein.

Der Alltag, so langweilig er manchmal sein mag, hat gerade in seiner Routine, in dem Vertrauten, seinen ganz eigenen Wert – das Fest und die Ausnahme können wir nur »aushalten«, weil es den Alltag gibt. Und wenn es ihn nicht gäbe, dann müsste man ihn erfinden. Denn ohne den Alltag wäre ein Fest kein Fest mehr.

Deshalb: Herzlich willkommen, Alltag! Damit wir uns aufs nächste Fest wieder freuen können!

Selbsthilfe

Vogelhäuschen

Mit dem Pfarrhaus, in dem ich hier im Emsland wohne, habe ich auch ein großes Vogelhäuschen im Garten übernommen. Und natürlich füttern wir dort ab Oktober die Vögel – einer der Gründe, mich auf das Winterhalbjahr zu freuen! Ich genieße es, am Fenster zu stehen und den Meisen und Rotkehlchen zuzuschauen, und finde es spannend, wenn sogar eine Schwanzmeise oder ein Zaunkönig angeflogen kommt. Es sind durchaus sehr meditative Minuten ...

Allerdings wunderten wir uns, wieso immer wieder mal ganze Meisenknödel plötzlich spurlos verschwanden. Wir hatten schon die Dohlen in Verdacht, die sich ziemlich dreist gebärden – aber an einem Vormittag »sahen« wir des Rätsels Lösung: Ein Eichhörnchen flitzte durch den Garten, turnte zu dem Meisenknödel empor, nagte das Netz kurzerhand durch und verschwand, das Futter für die nächsten Tage sozusagen zwischen den Zähnen. Und ich stand verblüfft am Fenster und sah dem Eichhörnchen und dem Meisenknödel hinterher.

Okay, wenn jemand so clever ist, dann soll er (oder sie?) das auch haben dürfen. Und kopfschüttelnd und schmunzelnd zugleich ging ich in die Küche und schrieb auf den Einkaufszettel: Meisenknödel – Großpackung.

Und ein alter Satz kam mir in den Sinn: »Hilf dir selbst, dann hilft dir Gott.

Bunte Zeichen

Tulpen

Ab Mitte Januar gibt es in meinem Blumengeschäft Tulpen zu kaufen, zehn Stück für 2,50 Euro, farblich bunt gemischt. Es sind wohl Tulpen zweiter oder dritter Wahl – mal ist ein Blatt eingerissen, dann wieder ist der Stängel etwas schief. Ich mag sie trotzdem ... und wenn die Amaryllis verblüht ist, dann stehen Tulpen auf dem Esstisch.

Sie tun mir einfach gut.

Denn Ende Januar fange ich an, die Lust am Winter zu verlieren. Ich sehne mich dem Licht entgegen, den langen Sommerabenden. Endlich mal wieder im T-Shirt draußen sitzen, ein Eis in der Hand!

Die Tulpen sind wie ein Versprechen: Auch diesmal wird der Frühling kommen! Und das hilft mir, das Noch-Dunkel in diesen Tagen auszuhalten. Und selbst, wenn es nochmal schneit, erzählen sie mir schon von dem, was kommen wird.

Hoffnungen und Visionen brauchen Zeichen, brauchen Farben, manchmal auch Melodien.

Und das ist in meinem Leben nicht anders. Nur – die Tulpen im Winter meines Lebens kann ich nicht für 2,50 Euro kaufen.

Die bekomme ich geschenkt – wenn ich meine Augen und Ohren und mein Herz dafür aufmache. Kleine, bunte Zeichen, nicht immer erster Wahl, manchmal sogar ein wenig lädiert. Ein Lächeln, eine Umarmung, ein wunderschöner Sonnenuntergang, die Wildgänse am Himmel ... Aber hinschauen muss ich halt schon ...

Februar

Fastnacht

Prinzessin?

Manche Menschen genießen es, einmal in eine andere Rolle hineinzuschlüpfen, sich zu verkleiden. Man probiert sozusagen aus, wie es denn wäre, jemand ganz anderes zu sein. Fastnacht eignet sich hervorragend dafür – da ist es sogar ganz offiziell vorgesehen. Und man hat seinen Spaß daran – und darf ihn in diesen Tagen auch haben.

Wer wären Sie denn gerne? Eine Prinzessin, die auf die Erlösung durch den Märchenprinz wartet? Der draufgängerische Cowboy? Batman? Oder doch lieber Tarzans Jane? Alles ist möglich – für ein paar Stunden, für ein paar Tage.

Aber irgendwann abends zieht man doch erleichtert das Kostüm aus, schleudert die Schuhe in die Ecke, schminkt sich ab – und schlüpft gerne wieder in Jogginganzug und die vertrauten Hauspantoffeln, die, zugegeben, nicht so arg vornehm aussehen, dafür aber unsagbar bequem sind.

Was bleibt? Vielleicht der Wunsch, das eine oder andere im Leben so zu ändern, dass es meinen eigenen Träumen mehr entspricht. Vielleicht aber auch die Erkenntnis, dass mir das Kleid der Prinzessin nicht passt. Und dass ich möglicherweise ganz gerne die bin, die ich bin.

Doch auch das wüsste ich ja nicht, wenn ich das andere nicht zumindest mal ausprobiert hätte.

7 Wochen

Anhalten

Und mitten hinein in all die Ausgelassenheit, den närrischen Trubel die Worte: »Mensch, gedenke, dass du Staub bist ...« – fast als ob mich eine entgegengehaltene Hand, eine Stimme zum Anhalten zwingt. Und ich werde »gezeichnet«, mit einem Kreuz aus Asche.

Nein, da will mir keiner den Spaß verderben. Da will mich einer erinnern, da will mich einer in mein Inneres führen, zu dem, was wirklich wichtig ist. All mein Handeln, mein Denken, mein Tun ist oft nur nach außen gerichtet – was werden die anderen sagen? Wie steh' ich da? Schneller, weiter, höher, besser – aber all das trägt nicht. »Haben« ist nicht gefragt und »machen« auch nicht. Was zählt, ist das »Sein«. Das aber kommt aus dem »Inneren« heraus – und deshalb ist es notwendig, dass ich immer wieder einmal daran er-innert werde. Wenn ich um meine Vergänglichkeit weiß, werde ich die Gegenwart bewusster leben.

Darum geht es – lebendiger werden. Wenn es wirklich das Stück Schokolade sein sollte, was mich daran hindert, okay, dann verzichte ich darauf. Es könnte aber sein, dass es ganz andere Dinge sind, die zwischen mir und dem Leben stehen.

Die Einladung steht ... hin zum Leben.

Nachspüren

Still stehen

Mitten im Unterwegs-Sein angehalten werden – und ich bleibe stehen. Herausgerissen aus der Bewegung höre ich die Einladung zum Sein. Aus der Bewegung heraus innehalten – nicht mehr allen möglichen Dingen hinterherjagen, nicht mehr alles haben müssen, loslassen können. Sein.

Zur Ruhe kommen – mich nicht nach außen wenden, sondern nach innen. Keine neuen Eindrücke sammeln, sondern lauschen und schauen und spüren, was in mir ist. Mir Zeit für mich nehmen. Still werden – still sein.

Still zu stehen ist kein Stillstand – ganz im Gegenteil. Solange ich renne, jage, haste, gehen die Kräfte nach außen. Im Stillstehen können sie nach innen gehen. Nur so werden Träume und Sehnsüchte geboren. Und nur in der Stille werde ich hören können.

Manchen verordnet eine Krankheit zwangsweise eine solche Zeit der Ruhe. Das Außen ist nicht mehr so wichtig, man konzentriert sich auf das Innere, auf sich selbst. Oft weiß der Körper, was er oder was die Seele braucht – und er holt es sich.

Aber man könnte es sich ja eigentlich auch schon vorher gönnen. Und seien es wenigstens zehn Minuten am Tag.

Mein Weg

Mich orientieren

Nur wenn ich innehalte, kann ich mich orientieren, kann ich herausfinden, wo ich gerade bin. Eine Wanderkarte lässt sich schlecht beim Laufen lesen.

Um herauszufinden, wo ich bin, muss ich wissen, wo ich herkomme. Der Weg, den ich schon gegangen bin, prägt mich und hat mich zu diesem Punkt geführt. Mag sein, dass es ein schöner und guter Weg war – dann gilt es, dafür Danke zu sagen. Und doch – der Weg zurück wäre ein Rückschritt.

Mag sein, dass es ein Weg mit Steinen, Bergen und reißenden Flüssen war – dann darf ich ihn hinter mir lassen und neu aufatmen. Jetzt bin ich hier.

Und ich schaue mich um. Ich nehme wahr, was ist.

Der Möglichkeiten und Angebote sind viele. Und jeder hat das Beste. Und jeder schreit am lautesten. Und jeder drängt sich auf.

Dieser Fülle, ja Überfülle, kann ich dann am besten begegnen, wenn ich aus der Stille komme. Wenn ich aus dem Jagen und Hetzen zur Ruhe gekommen bin. Wenn mir klar wird, was mir wirklich gut tut – und was ich wirklich brauche.

Die Einladung steht: Mehr leben! Und Fastenzeit könnte die Chance sein, das zu probieren. Und dabei vielleicht auch etwas von den Krokussen lernen ...

März

Schuld

Mich stellen

Bilanz ziehen ist angesagt. Ich nehme mich und mein Leben in den Blick. Und nicht alles war gut.

Ich stelle mich.

Ich stehe zu dem, was war und ist.

Mag sein, ich habe in anderen etwas zerbrochen.

Mag sein, ich bin von meinem Weg abgekommen, habe mich vergangen – an mir, an anderen, am Leben, an Gott.

Mag sein, dass ich aus meinem Leben nichts gemacht habe.

Ich verstecke mich nicht mehr hinter Entschuldigungen, suche keine Erklärungen. Ich stehe dazu.

Es tut mir leid. Ich möchte mich gerne entschuldigen. Meine Schuld loswerden. Ich möchte neu anfangen. Es noch einmal probieren. Es anders machen.

Ich möchte mich versöhnen.

Nein, ich habe keine Bank überfallen.

Ich habe keine Kinder misshandelt. Und ich habe keine Gelder im Ausland versteckt.

Aber ich hatte keine Zeit, als Petra mich brauchte. Ich habe mich ungeduldig abgewendet, als Frau Hohmann mir ihre Geschichte zum dritten Mal erzählen wollte. Ich habe Bernd nicht gesagt, dass es gut war, was er gemacht hat. Ich habe mich selbst zu wichtig genommen.

Und: Ich habe mich selbst nicht ernst genommen.

Ich stelle mich – und bitte um den Segen für den Neuanfang.

Und aufrecht stehen

Wenn ich mich stelle, kann ich aufrecht stehen. Vor Gott kann und darf ich mich stellen – und er richtet mich auf. Er kennt mich. Bei ihm darf ich so sein, wie ich bin.

Das ist die Einladung – aufrecht stehen. Ausgespannt zwischen Himmel und Erde, Gott und Mensch.

Mir meiner Würde als Mensch bewusst sein.

Und dort, wo sie mir genommen wurde, sie mir zurückholen. Auch und gerade dann, wenn ich mich selbst klein gemacht habe. Ich darf sein. Ich brauche Erwartungen an mich nicht entsprechen.

Ich bin. Und darf sein.

Und anderen ihre Würde zurückgeben – sie zum Leben ermutigen. Ihnen leben helfen.

Und wenn ihnen diese Würde genommen wird, für sie eintreten. Nicht zulassen, dass andere geduckt werden. Zur Freiheit einladen, weil ich selbst frei geworden bin.

Position beziehen, weil ich eine Meinung habe.

Aufrecht stehen. Hinstehen.

Ich muss mich nicht größer machen, als ich bin – aber ich muss mich auch nicht kleiner machen.

Vor Gott kann und darf ich aufrecht stehen. Weil er mich ganz persönlich meint. Weil er mich liebt, so wie ich bin. Weil er mich zum Leben ruft.

Aufrecht stehen vor unserem Gott – und neu losgehen.

Blick auf das Kreuz

… und hinfallen

Angehalten, mich gestellt, mich aufgerichtet – neu losgegangen. Überzeugt, gewiss, sicher, in einem guten Sinne stolz.

Und hingefallen …

Wieder gescheitert. Wieder nicht geschafft. Und alles holt mich grad wieder ein.

Ich kann nichts. Ich bin nichts wert. Ich bin nicht wichtig. Ich verkriech mich. Ich versteck mich. Ich mach mich klein, kauere mich zusammen.

Und ich fühl mich abgrundtief verlassen, allein. Und mein Schreien verstummt, meine Seele weint. Ich habe keine Kraft mehr. Ich will nicht mehr. Ich kann nicht mehr.

Mein Blick sucht.

Und findet den am Kreuz.

Und der ist abgrundtief verlassen, allein. Und sein Schreien ist gebrochen, seine Seele weint.

Der ist da. Bei mir, mit mir.

Der kennt das. Der erfährt es am eigenen Leib. Der stiehlt sich nicht davon. Der bleibt. Bei mir, mit mir.

Der liebt mich so sehr, dass er auch diese Wege mit mir geht, indem er sie selbst geht. Der scheinbar scheitert, damit er mich in meinem Scheitern finden kann. Der in den Tod hineingeht, damit er mir in meinem Tod nahe ist.

Er nimmt den Tod nicht weg – aber er zeigt den Weg durch den Tod hin zum Leben.

Und wenn ich falle, fangen seine Arme mich liebevoll auf.

Und aufstehen!

Jeder von uns hat seinen Karfreitag. Das kann der 23. Juli sein oder der 4. November. Ich falle durch eine wichtige Prüfung, mein Partner verlässt mich, die Diagnose des Arztes durchkreuzt meine Pläne, ein geliebter Mensch stirbt. Karfreitag ist hinfallen, Tod, Ende, aus.

Karfreitag heißt aber auch: Da ist einer dabei, da geht einer mit, das kennt einer. Der ist da in all meinem Leiden.

Und er lässt es nicht dabei. Karfreitag ist nicht das Ende der Geschichte. Es geht – weiter.

Jesus geht aus dem Tod zum Leben – und er nimmt uns mit.

Aufstehen!

Aufstehen aus meiner Geducktheit, meiner Zerbrochenheit, meinem Dunkel. Er packt mich am Handgelenk und führt mich dem Licht des Ostermorgens, der Auferstehung entgegen.

Und seine Liebe umgibt mich. Und ich entfalte mich. Ich atme auf, gehe dem Licht entgegen. Ich lasse los, was mich festhält. Ich werfe ab, was mich duckt und klein macht.

Auferstehung ist nicht damals und dort – das ist hier und jetzt! Auferstehung geht durch den Tod hindurch – und will das Leben.

Und Auferstehung meint mich.

Es ist meine Entscheidung.

Leben und Tod lege ich dir vor – du aber wähle das Leben! – Steh auf!

April

Weisheit

Wenn der Heilige Geist uns seine Gaben schenkt, dann sind das etwas andere Geschenke als der neueste Schmöker, die Kinokarte oder die Flasche Wein. Der Heilige Geist, das ist der Atem Gottes, mit dem er uns anhaucht – und wenn wir in einem solchen Sinn Gott »einatmen«, dann kann und wird sich etwas in uns verändern. Dann wird etwas Neues in uns wachsen, von innen heraus.

Die Gabe der Weisheit ist ein solches Geschenk, denn weise zu werden, das kann man nicht »machen«, das kann man nicht aus Schulbüchern lernen. Da muss man schon in die »Schule des Lebens« gehen. Weisheit meint nicht das Fachwissen, das man anhäufen kann und das nur auf ein »Außen« abzielt. Wissen hat man, weise ist und wird man.

Weisheit weiß was – vom Leben. Weise zu sein, das geht von innen nach außen. Das strahlt aus, kommt aus einer Ruhe heraus, aus einer inneren Mitte – aus Gott.

Die alte Bäuerin, die auf dem Markt ihr Gemüse verkauft, mag nichts von Computern verstehen. Aber sie weiß was von Gott und vom Leben.

Und sie weiß was von dem, was durchträgt, was wirklich wichtig ist.

Das ist das Geschenk des Heiligen Geistes.

Die Gaben des Heiligen Geistes (II)

Einsicht

Manchmal kann man es in Prospekten lesen: »Zimmer mit schöner Aussicht!« – und das meint dann den Blick aufs Meer oder die Berge. Aussicht – ich schaue auf etwas hin, das außerhalb von mir ist. »Schöne Aussichten« sind heute gefragt, und das nicht nur im Urlaub, sondern als »Lebensmotto«. Manche verlieren sich dabei in virtuellen Welten, halten den Fernsehfilm für das Leben, schauen zuerst auf andere und deren Meinung. Und gelegentlich verlieren sie sich dabei irgendwo im »Außen«.

Der Heilige Geist will den Blick nach innen lenken, weg vom Vordergründigen und Oberflächlichen hin in die Tiefe. Er will zuerst die »Einsicht« statt der »Aussicht«. Ich soll auf mein Leben schauen, hinter die Kulissen sehen, die ich und andere mir aufgebaut haben. Und dann werde ich mein Leben auf einer anderen Ebene verstehen lernen – und anders leben. Ich erkenne den göttlichen Grund in mir, ich mache mich auf den Weg zu mir selbst, kann mich und Gott finden.

»Zimmer mit schöner Einsicht!« werden leider noch nicht angeboten, da muss ich mich schon selbst auf den Weg machen. Aber ich muss nicht alleine gehen – der Heilige Geist ist mit dabei.

Die Gaben des Heiligen Geistes (III)

Rat

Manchmal lohnt es sich, einen Blick ins Herkunftswörterbuch zu werfen. Das Wort »Rat« wurde ursprünglich in dem Sinn von »Mittel, die zum Lebensunterhalt notwendig sind« verwendet und findet sich in dieser alten Bedeutung zum Beispiel noch in den Wörtern »Vorrat« und »Hausrat«. Im Laufe der Zeit wurde daraus der Wortsinn für »raten«, nämlich sich diese notwendigen Mittel zu beschaffen – so erklärt es der Duden.

Was brauche ich wirklich zum Leben? Das ist die entscheidende Frage.

Was ich angeblich zum Leben brauche, finde ich mühelos in den Prospektbeilagen der Zeitungen, die mir unaufgefordert in den Briefkasten gesteckt werden: Flachbildfernseher, Wohnlandschaften, Reisen in die Türkei.

Der Heilige Geist will mir entdecken helfen, was ich wirklich zum Leben brauche – und was es nicht zu kaufen gibt: Die ehrliche Umarmung einer guten Freundin, der Sonnenuntergang an der Ems, der Zug der Wildgänse, das Berührtsein von Gott.

»Raten« – das heißt eigentlich, anderen zum Leben zu verhelfen.

Das aber geht nur, wenn ich selbst lebendig bin, wenn ich weiß, was ich zum Leben brauche.

Die Gaben des Heiligen Geistes (IV)

Stärke

Vielleicht erinnern Sie sich? »Wo rohe Kräfte sinnlos walten, da kann sich kein Gebild gestalten« – ja, Friedrich Schiller: das »Lied von der Glocke«. Und ein erster wichtiger Hinweis: Stärke hat nicht unbedingt etwas mit Kraft zu tun. Kraft geht nach außen, muss sich beweisen. Sie kann vernichten, verletzen, schlagen.

Stärke kommt aus dem Inneren. Sie braucht keine schlagenden Argumente, sie überzeugt, wirkt aus sich selbst heraus. Stärke – das meint nicht Gewalt, ganz im Gegenteil.

Ein neueres Wort dafür ist »Autorität«. Die aber kann man sich nie selbst nehmen, sie kann einem nur von anderen gegeben werden. Da erkennen andere an, dass in diesem Menschen eine Stärke wirkt, der sie sich anvertrauen können.

Und wer Autorität einfordert, ohne eine solche Stärke zu haben, wird scheitern.

Kraft will verändern – und scheitert gerade deswegen oft. Stärke wirkt aus sich und kann deshalb verwandeln.

Der Heilige Geist will nicht unsere Schlagkraft verbessern, sondern er will uns stärken. In uns und aus uns heraus will er wirken.

Das aber kann ich nicht machen – das ist Geschenk.

Darum kann ich nur bitten.

Erkenntnis

»Erkenne dich selbst!« – so fordert es ein alter Weisheitsspruch an einem Tempel in Delphi. Und es stimmt: Erkenntnis muss bei mir anfangen. Wenn ich mir selbst etwas vormache, werde ich auch andere und anderes nicht richtig erkennen können. Und dann kann es schnell zu einer unrealistischen Einschätzung der Situation kommen – und damit zu einem falschen Handeln.

Mich selbst zu (er-)kennen ist zugleich die Voraussetzung, um »selbstbewusst« zu sein. Das heißt eigentlich nur, dass ich mir »meiner selbst bewusst bin«. Wenn ich mir selbst eingestehe, dass meine Nase krumm ist, dann können mich keine dummen Kommentare darüber mehr aus der Bahn werfen, ich muss es nicht verstecken, brauche mich nicht dafür zu entschuldigen. Dann kann ich sozusagen aufrecht stehen – zu mir stehen. Ich muss andere nicht »kleinmachen«, damit ich besser dastehe – und ich muss mich nicht selbst kleinmachen, um mich besser zu verstecken.

Aus solch einem Selbstbewusstsein heraus kann ich anders hinschauen, liebevoller, barmherziger. Denn ich kenne ja mich – und weiß um die Dunkelheiten auch in meinem Leben.

Der Mut für diesen Weg – das ist ein Geschenk des Heiligen Geistes.

Mai

Die Gaben des Heiligen Geistes (VI)

Frömmigkeit

Wer dieses Geschenk nur mit »süßlich«, »brav« und »in die Kirche gehen« verbindet, der kennt den Heiligen Geist schlecht. Wenn er kommt, dann sind keine netten Teelichter angesagt, sondern dann entfacht sich ein Feuer. Dann säuselt er nicht lieb vor sich hin, sondern dann stürmt es. Und dann geht es darum, sich in den Wind zu stellen und sich von ihm vorantreiben zu lassen – so wie ein Segelboot über das Meer jagt, wenn es »vor dem Wind« ist.

Es bedeutet eben nicht, nett im Hafen herumzudümpeln, sondern aufzubrechen, Segel zu setzen, Flagge zu zeigen, sich in die Kraft Gottes hineinzustellen, sich von ihr vorwärtstreiben zu lassen.

Ich stelle mich ihm zur Verfügung, damit er mich »nutzen« kann. Das aber geht nur, wenn ich nicht »nichts« bin, sondern wenn ich »jemand« bin. Es braucht das Segel, in das der Wind hineinblasen kann. Spirituell könnte man das »Hingabe« nennen.

Und das passt zur ursprünglichen Bedeutung des Wortes »fromm«, das stand nämlich für »nützlich, sich brauchen lassen, tapfer, mutig«.

Fromm zu sein könnte eigentlich heißen, Anker zu lichten, Segel zu setzen – und aufzubrechen.

Mit Gott.

Die Gaben des Heiligen Geistes (VII)

Gottesfurcht

Gottesfurcht als Geschenk des Heiligen Geistes ... Und das bedeutet nicht »Angst vor Gott«, denn dann verständen wir diese Gabe wohl grundlegend falsch. Vielleicht ist eher eine Art tiefer »Ehrfurcht« gemeint, die anerkennt, dass es eine andere Ebene in meinem Leben gibt als nur die wissenschaftlich beweisbare, die von Fakten, Zahlen und Formeln bestimmt ist. Dass es so etwas wie einen Gott gibt, den ich eben nicht beweisen, sondern nur erfahren und ahnen kann. Das aber ist immer ein Geschenk, das lässt sich nicht machen.

Und wie zeigt sich dieses Geschenk? Vielleicht, wenn mitten im Leben ein Stück Himmel aufblitzt, für einen Moment diese andere Wirklichkeit erfahrbar wird: Wenn ein neugeborenes Kind das erste Mal schreit, ein Sterbender seinen letzten Atemzug tut, mich ein Mensch umarmt, ein Stern am Himmel steht, die Wildgänse nach Norden ziehen, ein Stiefmütterchen dort blüht, wo ich nie eines gepflanzt habe.

Diese Momente, in denen ich mich berühren und bewegen lasse.

Und vielleicht ist genau das Pfingsten.

Ein Geschenk Gottes für mich.

Ineinander

Das Exerzitienhaus Hochfelden in Sasbach hat auf seinem Gelände einige wunderschöne alte Bäume, die regelrecht zum Meditieren einladen. Unter anderem gibt es dort einen »Dreifaltigkeitsbaum« – aus einer Wurzel heraus wachsen drei Bäume mit je einem eigenen Stamm, deren Baumkronen dann wieder ineinander wachsen. Und schöner lässt sich Dreifaltigkeit ja wohl nicht ausdrücken.

Gott Vater, Gott Sohn und Gott Heiliger Geist kommen aus derselben Wurzel und wollen zum Gleichen hin – aber sie tun dies auf je unterschiedliche Weise:

Gott Vater ruft heraus, Gott Sohn geht mit, und Gott Heiliger Geist gibt mir das, was ich dafür brauche.

Es braucht alles drei – und doch hat jedes seinen ganz eigenen Charakter. Ursprung und Ziel aber sind gemeinsam.

Ich darf meinen Weg gehen – Gott ruft mich heraus, dann geht er mit und gibt mir das, was ich für den Weg brauche.

Herausrufen – mitgehen – beschenken – könnte das die Kurzfassung für Dreifaltigkeit sein?

Nur gehen muss ich noch selbst.

Und das Ziel ist auch klar: dem Himmel entgegen!

Teebecher

In unserem Haushalt gibt es etwa 30 Kaffee- und Teebecher, von den normalen Tassen ganz zu schweigen. Irgendwie haben sie sich angesammelt – eine Erinnerung an den Urlaub in Dänemark, an die Zeit in Südafrika, an den Abend in einer Gemeinde, ein Geschenk von Freunden. Und ich bringe es nicht übers Herz, sie einfach wegzuwerfen – sie erweisen sich zudem auch als überraschend bruchresistent.

Zu meinem Morgenritual, irgendwann mal aus Irland mitgebracht, gehört ein Tee, schwarz, mit frischer Milch und Süßstoff. Und dazu braucht es einen bestimmten Becher. Wenn der am nächsten Morgen noch in der Spülmaschine ist, gibt es einen zweiten. Und notfalls auch einen dritten oder vierten. Dann wird es schwierig.

Vollkommen undenkbar – aus einem der Becher, der wiederum eher für Kaffee reserviert ist, Tee zu trinken ...

Manche Freunde, die zu Besuch sind, erklären mich für leicht verrückt. Okay – damit kann ich leben.

Aber solche Rituale helfen mir, mit dem Chaos, das im Laufe des Tages sowieso unweigerlich über mich hereinbrechen wird, besser fertig zu werden. Ich muss ja mit dem Durcheinander nicht schon gleich am frühen Morgen anfangen.

Rituale können Halt geben – solange sie nicht zum Zwang werden.

Juni

Mitten im Alltag

Kleingeld

Es ist irgendwie seltsam – manchmal sammelt es sich im Geldbeutel regelrecht an, dann wieder kann man auf die Frage der Kassiererin, ob man »es denn klein hätte?« nur hilflos die Schultern zucken.

Kleingeld kann wichtig sein. Der Hundert-Euro-Schein im Portemonnaie ist ganz beruhigend, aber er hilft mir wenig, wenn ich nachts mein Auto aus dem Parkhaus holen will. Und da finde ich auch keinen, der mir dann den Schein noch wechselt.

Kleingeld kann zählen. Ich habe ein Sparschwein, in das immer dann eine entsprechende Münze hinein wandert, wenn ich billig getankt habe, es die Butter im Sonderangebot gab, ich einen Brief persönlich mitgeben konnte und keine Briefmarke drauf kleben musste. Da kommen schon mal 80 Euro zusammen – und die finanzieren dann die Abendessen beim nächsten Kurzurlaub.

Auch im Glauben gibt es »große Scheine« und »kleine Münzen«. Das sind die Momente mitten im Alltag, in denen etwas von Gott aufblitzt. Die sind wichtig, und die können zählen, ein kurzes Gebet, die schmale Mondsichel am Himmel, eine Umarmung, das Anzünden einer Kerze.

Wenn ich sie denn wahrnehme und aufhebe und sammle ...

Bilderrahmen

In meiner Wohnung gibt es einige Fotos von den Menschen, die mir im meinem Leben wichtig sind: meine Eltern, eine gute Freundin, der beste Freund. Die Bilder sind schön gerahmt, stehen auf einem Schränkchen oder hängen an der Wand. Ganz neu ist so ein kleiner digitaler Bilderrahmen, auf dem alle vier oder fünf Sekunden die Bilder wechseln und der mir immer neue Perspektiven und Ansichten zeigt.

Ich mag die Fotos, weil sie mich mit den Menschen verbinden, die da abgebildet sind. Und doch, es ist nur ein Ausschnitt, eine Momentaufnahme. Wenn ich mit diesen Menschen zusammen bin, dann ist das anders, da lebt was, da bewegt sich was, auf eine Frage kommt eine Antwort, eine Geste. Alle Bilder sind nur Hilfsmittel, wollen mich erinnern – können aber die lebendige Begegnung nicht ersetzen.

Und das gilt auch für Gott. Alle Bilder, alle Namen für Gott sind nur ein Ausschnitt, begrenzt durch den Rahmen meiner Wahrnehmung. Sie können und wollen die Begegnung mit Gott nicht ersetzen.

Denn Gott lässt sich nicht einrahmen und will nicht als nettes Bild an der Wand hängen. Er will die Begegnung – mit mir!

Und dann könnte es wirklich lebendig werden!

Erinnerungen

»Steh-rümchen«

Bevor Sie jetzt lange herumgrübeln – »Steh-rümchen« ist die Wortschöpfung eines Freundes von mir und beinhaltet sozusagen all das, was in einem Haus oder einer Wohnung herumsteht und keine andere Funktion hat, als an etwas zu erinnern. Meine Mutter sagte etwas weniger liebevoll »Staubfänger« dazu.

Und wenn ich den Blick um meinen Schreibtisch schweifen lasse, dann ist da ein kleines Eichhörnchen aus Plüsch, ein herzförmiger Stein, eine Karte mit einem Spruch, ein Foto an der Wand – und noch einiges mehr. Und zu jedem könnte ich Ihnen eine Geschichte erzählen.

Es sind Geschichten, Botschaften, die für mein Leben wichtig sind. Und die brauchen manchmal ein Zeichen – und gelegentlich auch ein wenig Zeit, um von außen nach innen zu wandern. Aber irgendwann sind sie innen angekommen und brauchen dann die äußeren Zeichen nicht mehr – das meint »er-innern«.

An meinen »Steh-rümchen« kann ich auch erkennen, wo ich gerade bin. Brauche ich dieses äußere Zeichen noch – oder ist es schon nach innen gewandert?

Grenzen

Backform

Seit wir hier in diesem Pfarrhaus zu zweit wohnen, habe ich schon mal Lust aufs Backen bekommen – oder darauf, selbst eine Quiche zu machen.

Also – Backformen kaufen: Springform, Tortenform, Napfkuchenform.

Und mich dann an das Rezept heranwagen und vermischen und kneten und in Form bringen. Und dann gibt man den Teig in die Form hinein und schiebt das Ganze in den Backofen, und der Teig geht auf – und man wartet gespannt –, und erstaunlicherweise kommt meistens etwas Genießbares und manchmal sogar etwas Leckeres dabei raus.

Damit etwas aufgehen kann, braucht es eine Form.

Die Quiche braucht die Begrenzung, den Rand, damit sie »in die Höhe wachsen« kann und sich eben nicht auf einem Backblech verliert. Den Teig für das Brot muss ich in eine Form bringen und kann ihn eben nicht grad so in den Backofen schieben.

In einer Form kann etwas wachsen – ohne Form verliert es sich.

Das wäre eine spannende Frage: Ohne Grenzen verliere ich mich – und innerhalb eines Rahmens kann ich mich entwickeln?

Ob das auch für den Glauben gilt?

Verblüfft

Servietten

Zu jedem Essen gehören Servietten dazu – finde ich wenigstens. Sie sind einfach praktisch und hilfreich – man kann sich damit den Mund abputzen und den Saucenfleck wegwischen.

Gut, für den Teller Suppe in der Küche tut es notfalls auch ein Blatt von der Rolle Küchenpapier. Am Sonntagabend, im Esszimmer, der Tisch ist schön gedeckt, kommen dann die besonderen Servietten zum Einsatz. Die sind entweder farblich zum Geschirr passend ausgesucht – oder je nach Jahreszeit mit Blumen, einem Osterhasen oder Tannenbäumen bedruckt. Und bei einem ganz festlichen Essen gibt es dann auch schon mal die Stoffservietten.

Bei einer kleinen Abschiedsfeier für meine Mitbewohnerin, weil sie zurück nach Südafrika gehen musste, suchten wir unsere Servietten mit den afrikanischen Motiven hervor.

Ich war nur etwas verblüfft, als mich eine Frau anschließend fragte, ob sie die Serviette mitnehmen dürfte – und muss wohl entsprechend dreingeschaut haben. Aber dann erklärte sie mir, dass sie mit dem Motiv gerne einen Blumentopf verzieren wollte – »Serviettentechnik« eben.

Okay. Manches, was so gedacht ist, wird anders verwendet. Und umgekehrt.

Ob Gott das gelegentlich auch passiert?

Juli

Strategie

Schere

Irgendwie ist sie nie da, wo man sie grad braucht. Und dauernd sucht man sie.

Ist ja eigentlich auch ganz logisch. In der Regel brauche ich eine Schere, um etwas anderes damit fertigstellen zu können. Ich muss die Schnur für das Paket abschneiden, den Draht, um die Blumen festzubinden, das Sudoku aus der Zeitung ausschneiden, um es für langweiligere Zeiten aufzuheben. Und wenn das getan ist, dann pack ich das Paket fertig, binde die Pflanze an, lese die Zeitung weiter – und vergesse die Schere. Und dann suche ich sie beim nächsten Mal, weil sie eben nicht da liegt, wo sie sonst liegt.

Beim letzten Sonderangebot im Baumarkt habe ich zehn Scheren gekauft und ihnen fünf strategische Standplätze in diesem Haus zugewiesen. Und das funktioniert. Zumindest ist eine Schere immer da, wo sie sein sollte. Und mir spart das einiges an Zeit und Ärger über mich selbst.

Zum Glück muss ich Gott keinen strategischen Standplatz in meinem Leben zuweisen. Er ist da, wo ich ihn brauche – und wenn ich ihn suche, lässt er sich auch finden, egal ob in der Garage, im Keller oder in der Küche. Wer nachlesen mag: Jeremia 29,13.

Wunden heilen

Heftplaster

Eigentlich gehört es in jeden Haushalt – das Heftpflaster. Als erste Hilfe bei kleinen Verletzungen ist es unerlässlich. Es deckt die Wunde ab, nimmt das Blut auf, schützt vor Schmutz.

Es gibt Heftpflaster heute in den möglichsten und unmöglichsten Formen und Arten: weiß, braun, bunt. Für Allergiker und für Kinder. Rund, quadratisch, in Streifen.

Ich hab' immer noch am liebsten das, was man ganz klassisch erst zuschneiden muss. Es ist manchmal unpraktisch, wenn es schnell gehen muss und man keine Schere findet – aber es erinnert mich an meine Kindheit. Chaos: hingefallen, aufgeplatztes Knie, Blut, Schreien, Weinen. Und dann die beruhigende Stimme der Mutter, ein feuchter Waschlappen, ein Pflaster, das auch noch ganz besonders roch. Und plötzlich war alles wieder in Ordnung.

Wenn man älter wird, lernt man, dass ein aufgeschlagenes Knie in der Regel so schlimm nun auch wieder nicht ist. Da gibt es andere Wunden, die das Leben uns schlägt: der Tod eines Freundes, Beziehungskrisen, die Kündigung am Arbeitsplatz.

Aber auch dafür brauchen wir Pflaster, die die Wunde schützen und die durchaus sehr unterschiedlich aussehen können. Und wir brauchen die beruhigende Stimme einer Mutter, die uns sagt: Alles wird gut!

Und das könnte durchaus die Stimme Gottes sein.

Terminkalender

Gestern wollte ich mit einem Kollegen einen Termin ausmachen und rief ihn deshalb rasch an. Ich erreichte ihn auch auf Anhieb, aber einen Termin konnte ich nicht mit ihm vereinbaren, denn seinen Kalender hatte er integriert im Smartphone, beim Telefonieren jetzt grad am Ohr. Da war ich mit meinem bewährten Ringbuchsystem eindeutig besser dran. Mit meinem Telefon telefoniere ich – und mit meinem Kalender mache ich Termine aus.

Ja, man kommt ohne Terminkalender fast nicht mehr aus, wenn man wichtige Verpflichtungen nicht vergessen oder interessante Veranstaltungen nicht verpassen will. Die Frage ist nur, was für einen Terminkalender habe ich denn? Da gibt es Menschen, die alles bequem in dem kleinen, faltbaren Kalender unterbringen, der einem von einer Firma geschenkt wurde, bei anderen ist es ein großes, dickes Ringbuch mit »30-Minuten-Einteilung« für jeden Tag, einige zeigen ihre Gesinnung mit einem »Frauenkalender« oder haben eben alle Termine auf ihrem Handy oder dem Computer notiert. Wie man sich da am besten organisiert, das wird jeder selbst entscheiden müssen.

Viel spannender finde ich die andere Frage: Stehen in meinem Kalender auch Termine mit mir und mit Gott?

Hinter sich lassen

Kochrezepte

Ich koche eigentlich ganz gerne – und wenn Besuch kommt, noch ein bisschen lieber. Und gelegentlich habe ich auch Lust, mal etwas Neues auszuprobieren. Dann macht es richtig Spaß, Rezepte zu lesen und zu vergleichen und auf interessante Ideen zu kommen. Denn wenn man einmal die »Grundidee« verstanden hat, dann schaut man, was im Kühlschrank ist und was eventuell zueinander passt, wie man die eine Zutat, die man grad nicht da hat oder nicht mag, durch etwas anderes ersetzen könnte – oder was eine aparte, frische Geschmacksnote geben könnte.

Wenn man selten kocht, wird man sich eher an das Rezept halten, je häufiger man kocht, umso freier wird man. Rezepte werden zu Anregungen und nicht mehr zu sklavischen Ausführungsbestimmungen. Dann aber wird jedes Gericht auch zu einem »Original« – und ich werde es nie wieder genauso nachkochen können. Das geht dann, wenn man das »Grundrezept« sozusagen »verstanden« hat.

Etwas verblüfft war ich, als ich kürzlich einen Satz von dem emeritierten Tübinger Theologieprofessor Dietmar Mieth las: »Und genau das sollte man in der persönlichen Spiritualität auch tun: die Rezepte hinter sich lassen«.

August

Verinnerlichen

Listen

Um mich herum gibt es überall kleine Zettel. In der Küche liegt ein kleiner Block – und der Filzstift gleich nebenbei. Wenn mir etwas auffällt, was nachgekauft werden muss, dann schreibe ich das auf. Wenn ich auf einen Kurs fahre, habe ich eine »Packliste« – und oft schreibe ich am Abend noch eine Liste, was ich am nächsten Tag alles tun will. Und ein- oder zweimal im Jahr gibt es auch eine »Vor-dem-Urlaub-noch-zu-erledigen-Liste«.

Natürlich könnte man das anders organisieren – über Kalendersysteme mit Planungsblättern, Computerprogramme, Smartphone und was es da sonst noch so alles gibt.

Aber das funktioniert bei mir nicht.

Ich muss es per Hand aufschreiben – damit es sozusagen »in mich hineinrutscht«, damit ich es mir zu eigen mache. Ich muss es irgendwie vor Augen haben. Und das Spannende ist, dass ich dann manchmal meine Listen gar nicht mehr brauche – und trotzdem noch alles weiß.

Vielleicht wäre es ja eine interessante Idee, auch mal eine »Gott-Liste« anzufangen, einfach ein kleiner Zettel, per Hand geschrieben – an was sollte ich in Verbindung mit Gott denken? Was möchte ich nicht vergessen? Was wäre noch zu tun?

(Un-)Sichtbar

Vollmond

Heute Abend sitze ich noch ein wenig im Garten. Langsam dämmert es, das Gezwitscher der Vögel verstummt nach und nach, Ruhe kehrt ein.

Und plötzlich sehe ich ihn, den Mond. Voll und rund ist er, erst steht er tief am Horizont, dann aber steigt er langsam und beharrlich auf – und mit zunehmender Dunkelheit wird sein Licht immer stärker. Schön ist er, wie er da am Himmel steht! Und etwas Geheimnisvolles und Faszinierendes geht von ihm aus!

Und dann werde ich nachdenklich: Wann habe ich das letzte Mal bewusst einen Vollmond gesehen?

Ich kann mich nicht erinnern, ich weiß es nicht.

Er war da, vor vier Wochen, vor acht und vor zwölf. Aber ich habe ihn nicht wahrgenommen. Mag sein, ich habe nicht zum Himmel geschaut, mag sein, dass Wolken ihn verdeckt haben. Aber er war da. Er ist da, auch wenn ich nicht nach ihm Ausschau halte.

Und das ist mit Gott genauso.

Er ist da.

Manchmal sehe ich ihn nicht, weil ich nicht zum Himmel hochschaue. Dann wieder mögen vielleicht irgendwelche Wolken ihn meinem Blick entziehen.

Aber er ist da.

Und mit diesen Gedanken kehrte an diesem Abend ein wenig Frieden in mein Herz ein.

Gott ist da.

Manchmal braucht man nur eine ruhige halbe Stunde, um das zu entdecken.

Ansichtskarten

Natürlich ist das vollkommen antiquiert, aus dem Urlaub noch Ansichtskarten zu schreiben. Man schickt Fotos per Smartphone, sendet Nachrichten über WhatsApp, ruft kurz an. Wer schreibt da noch Ansichtskarten, die in Deutschland oft zwei Tage benötigen, bis sie ankommen – und aus dem Ausland möglicherweise sogar so lange brauchen, dass man schon längst wieder zu Hause ist, bis sie eintreffen?

Ich mag Ansichtskarten. Sie sind einfach ein lieber Gruß, man muss darauf nicht antworten, ich freue mich, dass jemand an mich denkt – und zwischen all das Schwarz-Grau der Zeitungen und Rechnungen schmuggelt sich plötzlich eine bunte Karte von Menschen, die ihren Urlaub einfach genießen und entsprechend fröhlich schreiben.

Ich glaube, Ansichtskarten haben etwas mit »Geschenk« zu tun … und im Normalfall verpflichten sie zu nichts. Ich muss nicht darauf antworten. Und wer Ansichtskarten mit etwas anderem verbindet, der ist dann selbst dran schuld.

Ich glaube, auch Gott schickt gelegentlich Ansichtskarten. Ein buntes Bild und einen lieben Gruß, der mich erinnern soll …

Vielleicht könnte ich Gott auch mal eine Ansichtskarte schicken?

Lösung vorhanden

Kreuzworträtsel

Ich gebe es zu – gelegentlich mache ich ganz gerne Kreuzworträtsel, im Urlaub zum Beispiel.

Manchmal aber greif ich gerade dann zum Stift und zum Rätsel in der Zeitung, wenn ich eigentlich etwas viel Wichtigeres und Dringenderes zu tun hätte. Da kann das Kreuzworträtsel durchaus die Funktion bekommen, das andere Wichtige mal für eine Viertelstunde loszulassen. Und vielleicht brauche ich gerade jetzt ein sichtbares Erfolgserlebnis, wenn sich die Kästchen mit Buchstaben füllen.

Aber so einfach ist das ja nun auch nicht immer. An manchen Wörtern knoble ich lange rum – dass bei »Autozubehör« ein »Hinterreifen« gemeint ist, da muss man ja auch erst mal drauf kommen. Anderes weiß ich einfach nicht – besonders Nebenflüsse kann ich nicht besonders gut.

Okay ... so ist das Leben. Gelegentlich tut es gut, sich mal ein paar Minuten Zeit zu nehmen, das scheinbar Wichtige an die Seite zu legen. Manchmal schlägt man sich an den Kopf und denkt: Das hätte ich doch wissen müssen! Und ab und an weiß man etwas einfach nicht.

Für alle Kreuzworträtsel gibt es eine Lösung – die findet man entweder am Ende des Heftes oder in der nächsten Ausgabe.

Und das gilt auch für das Leben ...

September

Sommersatt

Bratwurst

Ich mag den Sommer. Und ein Grund dafür sind all diese Grillfeten ... mal privat zu Hause mit Freunden, mal bei einem Pfarrfest. Alles ist irgendwie unkompliziert, ein paar Biertische, ein Grill, ein kühles Bier, nette Unterhaltung. Und ich mag eine gute, knusprige Bratwurst mit einer Scheibe Brot und Senf – dafür lass ich jedes Steak oder andere kulinarische Erfindungen stehen.

Aber gegen Ende August, Anfang September, je nachdem, wie lange die Grillsaison schon gedauert hat, und ob es ein »guter Sommer« war, spür ich auch: Jetzt reicht es. Ich möchte auf keinen Bierbänken mehr sitzen, mich nicht mehr von Schnaken halbtot stechen lassen, und kann eigentlich auch keine Bratwurst mehr sehen.

Es gibt den Zeitpunkt, an dem ich sommersatt bin.

Jetzt freue ich mich drauf, auch mal wieder ein wenig zu frösteln und mich in meine Fleecejacke kuscheln zu können. Ich sehne mich den Herbstfarben entgegen, den leichten Nebeln über dem Fluss. Und erste Ahnungen von Kerzenschein und Zimtplätzchen steigen in mir auf.

Es gibt für alles seine Zeit. Auch im Leben.

Und genau das macht es so spannend.

(Aus-)Sortieren

Prospekte

Am späten Samstagnachmittag kommt bei uns der »Sonntagskurier«, eine dieser kostenlosen Zeitungen hier aus der Region – und mit dieser Zeitung ein dicker Stapel von Prospekten aller Art, bunt, farbig, vielversprechend. Jeder ist preiswerter, günstiger, hat die noch besseren Angebote.

Und damit ist der Briefkasten erst einmal voll.

Natürlich könnte ich einen Aufkleber anbringen »Kostenlose Zeitungen nicht erwünscht« – aber manche Prospekte sind ja doch ganz hilfreich.

Man muss also irgendwie eine Strategie entwickeln.

Erster Schritt: Alle Prospekte der Geschäfte, die es im Umkreis von 10 km hier nicht gibt, landen sofort im Altpapier.

Zweiter Schritt: Die Prospekte, die eventuell interessant sein könnten, schau ich durch, überlege kurz, was ich brauche, was wirklich preiswerter ist – und dann wird das auf dem Einkaufszettel notiert.

Auch im Leben werben viele mit Sonderangeboten – bunt, farbig, vielversprechend. Der Briefkasten ist voll. Und wenn man da keine Strategie entwickelt, hat man sich am Ende mit Sachen eingedeckt, die man eigentlich gar nicht wollte.

Was brauche ich jetzt wirklich? – das könnte vielleicht auch beim Leben helfen.

Strafzettel

Kürzlich hab ich mal wieder einen Strafzettel über zehn Euro bekommen, ein paar Kilometer zu schnell in der 70er-Zone.

Das ist durchaus okay und richtig so. Im Straßenverkehr ist es notwendig, dass an manchen gefährlichen Stellen nur ein bestimmtes Tempo erlaubt ist. Und in der Regel hat es schon seinen guten Grund – auch wenn ich ihn manchmal nicht auf Anhieb erkenne und verstehe.

Was mich an dem Strafzettel wirklich ärgert: Ich weiß, dass dort eine Geschwindigkeitsbegrenzung ist – und sogar, dass dort ein »Blitzer« steht. Ich hab es in diesem Moment einfach vergessen, nicht dran gedacht.

Auch in meinem Leben gibt es Zeiten und Orte, wo es gilt, das Tempo wegzunehmen, zu entschleunigen. Immer nur Vollgas – das kann manchmal dazu führen, dass ich einen Unfall baue, Wichtiges übersehe, eine Situation falsch einschätze. Eigentlich weiß ich das ganz genau. Und doch denke ich manchmal nicht dran und vergesse es, verliere mich in all dem, was zu tun und zu erledigen ist. Und dann kann es auch im Leben durchaus mal einen »Strafzettel« geben. Da ist es allerdings mit zehn Euro meistens nicht getan.

Tempo 70 – runter vom Gas – auch im Leben.

Ob das die Idee des Sonntags sein könnte?

Sinnvolles Ganzes

Puzzle

Manchmal hab ich das Gefühl, dass das Leben aus ganz vielen Puzzleteilen besteht – und dass ich gelegentlich gar nicht weiß, wo was hingehört. Mag sein, dass sich in einer Ecke schon etwas zusammengefügt hat, aber da liegen noch genug Teile auf dem Tisch – und immer wieder kommen neue dazu. Und ich habe keine Ahnung, wie die alle zusammengehören.

Manchmal aber ist es nur ein Gedanke, ein Satz, eine Idee, der zwei Puzzleteile miteinander verbindet – und plötzlich ein sinnvolles Ganzes ergibt.

Der eine Gedanke: Exodus, Gott führt sein Volk in die Freiheit. Die Israeliten sollen frei sein.

Der andere Gedanke: Gott schenkt seinem Volk den Sabbat, den siebten Tag, als Zeit des Ausruhens und Atemholens. Das ist der Tag, an dem man freihat.

Zwei Puzzlesteine, zwei Farben, die sich auf einmal ineinanderfügen – um frei zu sein, muss man gelegentlich freihaben. Der Sabbat will Freiheit möglich machen. Und damit ist eigentlich jeder Sabbat ein Auszug aus Ägypten und aus den Gefängnissen meines Alltags.

Der siebte Tag – keine Pflicht, kein Gebot, sondern Einladung zur Freiheit. Die Chance zum Leben.

Auch für mich.

Verpackung

Koffer

Ich hab grad mal durchgezählt ... – Ich habe fünf verschiedene Koffer. Und die sind durchaus alle im Gebrauch. Da gibt es den kleinen Koffer für »zweimal übernachten«, den Koffer für »Wochenkurse« und den großen »Flugkoffer«, der schon sechzehn Jahre alt ist. Und einen kleinen »Flugkoffer« und noch so eine Zwischengröße für sieben oder acht Tage. Denn je nachdem, wie lange ich unterwegs bin, muss ich unterschiedlich viel mitnehmen – und ein Koffer im Flieger muss anderes aushalten können als ein Koffer im Auto.

Das, was ich einpacken will, und die Art und Weise, wie ich reise, entscheidet darüber, welchen Koffer ich aus dem Keller hervorhole.

Und es könnte sein, dass dies auch für das Leben gilt. Für kleine Dinge brauch ich nicht unbedingt eine große Verpackung – und etwas Großes und Wichtiges krieg ich nicht in einem kleinen Rahmen unter.

Inhalt und Verpackung müssen zueinander passen.

Und das gilt wohl auch für unseren Glauben.

Deshalb ist eine Monstranz, die den Leib Christi trägt, in der Regel aus Gold – denn sie birgt was Wichtiges. Deshalb ist bei hohen Festen Weihrauch angesagt. Und aus dem Grund wurden die Barockkirchen so großzügig ausgemalt und ausgestattet.

Aber vielleicht gilt es andersherum auch: Wenn Gott sich »kleinmacht«, um in unser Leben hineinzupassen, dann finde ich ihn auch dort, wo es klein, schäbig und erbärmlich zugeht.

Vielleicht finde ich ihn gerade dort?

Mag sein, dass es darauf ankommt, welchen Gott ich suche.

Oktober

Begegnung mit Gott

Geschirrspülmaschine

In den verschiedenen Wohnungen, in denen ich bisher gelebt habe, gab es nie eine Einbauküche – und damit auch noch nie eine Geschirrspülmaschine.

Beides aber war in dem Pfarrhaus, in das ich vor drei Jahren eingezogen bin, schon vorhanden. Und von dem Nutzen der Spülmaschine habe ich mich durchaus rasch überzeugen lassen: Das schmutzige Geschirr steht nicht in der Küche rum – und mit wenig Wasser wird recht viel Geschirr sauber.

Umso erstaunter war ich, als bei einem Kurs eine Frau erzählte: »Mein Mann hat mir angeboten, eine Geschirrspülmaschine zu kaufen – aber ich habe dankend abgelehnt.« Auch die anderen Teilnehmerinnen schauten etwas verwundert drein. »Ja«, fuhr die Frau fort, »wenn ich spüle, ist das die einzige Viertelstunde am Tag, die ich für mich und für Gott habe. Da stört mich keiner von der Familie, weil die Gefahr viel zu groß ist, dass man ein Abtrockentuch in die Hand gedrückt bekommt! Das lasse ich mir doch nicht nehmen!«

Verstanden habe ich es jetzt. Und eine solche Viertelstunde am Tag zu haben ist wichtig.

Auf welche Art und Weise man sich diese Viertelstunde nimmt – da gibt es eben ganz verschiedene Möglichkeiten.

Herausforderung

Streichhölzer

Zugegeben, sie sind ein wenig aus der Mode gekommen. Aber ich mag sie.

Bei einem Feuerzeug drückt man irgendwo drauf – und dann hat man eine Flamme. Ein Streichholz nimmt man aus der kleinen Schachtel heraus, zieht es über die Reibfläche – und es entzündet sich. Naja, meistens jedenfalls. Und manchmal gibt es beim Entzünden eines Streichholzes einen ganz eigenen Geruch – nur einen Moment lang.

Wenn man ein Streichholz im Freien anzünden will, kann es schwierig werden – eine Hand hält die Schachtel mit der Reibfläche, die andere das Streichholz – und man hat keine Hand mehr frei, um den Wind abzuhalten, der die kleine Flamme auslöschen will.

Und dann hat man schließlich das abgebrannte Streichholz in der Hand – und muss sich überlegen, was man denn nun damit macht.

Ich glaube, das ist der Grund, warum ich Streichhölzer mag. Sie fordern mich viel mehr heraus als ein Feuerzeug. Das kann ich mit einer Hand bedienen – und es funktioniert. Und gerade das ist manchmal langweilig.

Streichhölzer haben noch etwas mit »Abenteuer« zu tun.

Deshalb mag Glauben möglicherweise den Streichhölzern näher sein als den Feuerzeugen.

Auch Glaube funktioniert nicht auf Knopfdruck.

Quittung

Morgen muss ich einen Quittungsblock kaufen. Diese Woche habe ich noch eine Veranstaltung – und ich muss Quittungen für den Teilnehmerbeitrag ausstellen – und brauche wiederum Quittungen für die Kosten der Raummiete und der Getränke.

Mit einer Quittung quittiert man, dass man einen Betrag erhalten bzw. ausgegeben hat. Und deshalb braucht man die auch für Abrechnungen und fürs Finanzamt und die Kasse. Ordnung muss schließlich sein. Seh ich ja auch ein. Trotzdem – der halbe Tag, an dem ich die Unterlagen für den Steuerberater zusammen suchen muss, kommt für mich ungefähr einem Zahnarzttermin mit Wurzelbehandlung gleich.

Zum Glück muss man Geschenke nicht quittieren, die schenkt man – und bekommt sie geschenkt. Da gab es eine Tante in Lübeck, die ich als Kind heiß und innig liebte, weil sie bei ihren Päckchen immer ausdrücklich dazu schrieb: »Du brauchst dich nicht zu bedanken!« – und das machte das Geschenk dann noch ein bisschen schöner!!! Und wer für ein Geschenk eine Quittung einfordert, hat das irgendwie falsch verstanden. Geschenke und Abrechnung passen nicht zusammen.

Und das gilt auch für das, was Gott mir schenkt – und für das, was ich Gott gebe.

Geschenke rechnet man nicht ab.

Gedankenstrich

Satzzeichen

Ein Bekannter hatte mir grad per Mail eine knappe Bestätigung meiner Anfrage geschickt – und da wollte ich mich kurz bedanken. »Danke« schrieb ich – und dann zögerte ich. Was setze ich dahinter? Einen Punkt, drei Punkte, ein Ausrufezeichen?

Normalerweise ist dieser Bekannte ziemlich karg mit Rückmeldungen – und so entschied ich mich, mein »Danke« deutlich mit einem Ausrufezeichen zu markieren.

Ich mag Punkt, Komma, Fragezeichen – und was es da noch so alles an Satzzeichen gibt. Sie helfen dabei, die Struktur und die »Sinnabschnitte« eines Satzes zu verstehen. Und sie sind wie ein Notenschlüssel, der in einem Text etwas aufscheinen lässt, was über das geschriebene Wort oder den Satz hinausgeht. Mein Fragen kann ich in einem Gespräch mit der Betonung deutlich machen – im Text braucht es das Fragezeichen.

Und es macht eben einen Unterschied, ob da steht »Ich freu mich!!!« oder »Ich freu mich ...«

Spannend wäre dann die Frage, welches Satzzeichen ich hinter das Wort »Gott« machen würde ...

Gott!

Gott ...

Gott?

Gott.

Oder vielleicht: Gott –

November

Ihre Meinung ist uns wichtig!

Diese Karte lag in dem Buch:

....

Ihre Meinung zu diesem Buch:

....

....

....

....

Wie sind Sie auf dieses Buch gestoßen?

- ○ Buchbesprechung in:
- ○ Anzeige in:
- ○ Verlagsprospekt
- ○ Entdeckung in der Buchhandlung
- ○ Internet
- ○ Empfehlung
- ○ Geschenk

Für welche Themen interessieren Sie sich?

- ○ Religion
- ○ Spiritualität & Lebenskunst
- ○ Kinder & Familie
- ○ Kirche & Gemeinde
- ○ Theologie & Religionswissenschaft

- ○ Garten / Kochen / Wohnen
- ○ Kalender & Geschenke
- ○ Psychologie & Lebenshilfe
- ○ Geschichte/Geschichtswissenschaft

Fordern Sie unsere aktuellen Themenprospekte an:

bestellungen@verlagsgruppe-patmos.de
Fax +49.711.4406-177
Tel. +49.711.4406-194

Einen Überblick unseres **Gesamtprogramms** finden Sie unter
www.verlagsgruppe-patmos.de

PATMOS
ESCHBACH
GRÜNEWALD
THORBECKE
SCHWABEN

Die Verlagsgruppe
mit Sinn für das Leben

Liebe Leserin, lieber Leser,

gerne informieren wir Sie künftig über unsere Neuerscheinungen. Teilen Sie uns mit, für welche Themen Sie sich interessieren und schicken einfach diese Karte zurück.
Wenn Sie außerdem unsere Fragen auf der Rückseite beantworten, helfen Sie uns, zukünftig genau die Bücher zu machen, die SIE interessieren!

Gerne revanchieren wir uns für Ihre Mühe:
Unter allen Einsendern verlosen wir monatlich Bücher aus unseren Programmen im Wert von € 50,-

VORNAME / NAME

STRASSE / HAUSNUMMER

PLZ / ORT

E-MAIL

Bei Angabe Ihrer Mail-Adresse erhalten Sie rund 6 Mal jährlich unseren Newsletter, der Sie über die uns genannten Themenbereiche informiert

Antwort

VERLAGSGRUPPE PATMOS

Senefelderstraße 12
D-73760 Ostfildern

Heilung

Allerheiligen

»Kannst du die Lisa wieder heil machen?«, die kleine Jana steht mit großen, dunklen Augen vor mir und hält mir ihre Puppe entgegen, deren Arm halb aus dem Körper heraushängt. »Heil machen«, damit meint Jana, die Puppe wieder »ganz« machen, zu »reparieren«.

Beim Menschen hat »heil« aber auch eine seelische Dimension. Man kann krank sein – und trotzdem »heil«, man kann körperlich gesund sein, aber doch sehr »unheil« und »unerlöst«. Und »heilen« meint dann, einen Menschen eben nicht nur körperlich wiederherzustellen, sondern auch seine Seele in den Blick zu nehmen. Seele und Leib hängen zusammen, und wenn die Seele krank ist, kann auch der Körper krank werden.

»Heil« und »heilig« gehören von der Wortbedeutung her zusammen. Ein Heiliger ist in besonderem Maße heil, also »ganz«. Aus Gott heraus kann er ganzheitlich leben, weil seine Seele in ihm geborgen ist. Und Menschen, die sich von Gott her definieren, sind »heilig«. Da gibt es ein paar Vorbilder, Mutter Teresa oder Franz von Assisi, den hl. Christophorus oder Edith Stein. Die feiern wir an Allerheiligen.

Aber das Fest meint auch mich – denn ich bin heilig, wenn ich heil werde.

Weil ich aus Gott lebe.

Genau richtig

Schmalzbrot

Spätestens Anfang November fange ich an zu suchen, bei Metzgern und im Kühlregal vom Supermarkt – ich suche ein gutes Schmalz.

Den ganzen Sommer lang verschwende ich keinen Gedanken daran, bei 30 Grad Außentemperatur würde es sowieso vom Brot wegfließen. Aber sobald es draußen etwas kälter wird, man ein wenig vor sich hin fröstelt – dann eine Scheibe richtig frisches Bauernbrot und gutes Schmalz drauf – dafür lass ich alles andere stehen!

Als Kinder sind wir mit Schmalz groß geworden, meine Mutter machte es selbst, mit Äpfeln und Zwiebeln und richtig mit Grieben, nach einem Rezept aus Ostpreußen. Und das hat einfach nur gut geschmeckt!!

Schmalzbrote isst man nicht mit Messer und Gabel – und man legt sich dafür auch keine Serviette auf den Schoß – die isst man aus der Hand. Und man muss auch gar keine großen Überlegungen anstellen, welcher Wein dazu passt – da passt gar kein Wein dazu. Höchstens ein ganz herber, trockener Rotwein ... so ein Landwein ... oder ganz einfach ein frisch gezapftes Bier.

Schmalz auf frischem Brot ...

Da schmeckt man was, da riecht man was, da hat man was in der Hand.

So sollte Glauben sein.

König

»Also, ich geh ganz gerne zum Zahnarzt! Aber bei unserem kommt man immer so schnell dran!«, sagte die Frau plötzlich in unserem Gespräch. Ich muss wohl etwas verblüfft dreingeschaut haben – zum einen geh ich nicht so besonders gern zum Zahnarzt – und wenn, dann bin ich immer froh, wenn ich nicht zu lange warten muss. Sie sah wohl meinen fragenden Blick: »Ach, ich les gern mal was über die Könige und Königinnen ... aber ich komm nie dazu, einen Artikel fertig zu lesen! Dann werde ich immer schon aufgerufen!«

Okay ... verstanden hab ich es jetzt.

Es stimmt schon – auch wenn Könige und Königinnen nicht mehr so richtig in die Welt von Facebook und WhatsApp passen – irgendwas Faszinierendes geht von ihnen aus.

König – das ist ein altes, archaisches Bild. Ein König ist einer, der seinem Volk Gutes will. Er braucht sein Volk – und das Volk braucht seinen König. Und deswegen will ich mehr von meinem König erfahren – und ein guter König will wissen, was die Menschen bewegt.

Wenn Christus unser König ist, dann können und dürfen wir ihm unsere Geschichten erzählen. Man kann auch »beten« dazu sagen.

Und wir brauchen die Geschichten über ihn und mit ihm.

Die stehen übrigens schon in der Bibel.

Auf der Suche

Sehnsucht

»Alles beginnt mit der Sehnsucht«, so sagt es die jüdische Dichterin Nelly Sachs. Nur wer sehnsüchtig ist, wird sich auf den Weg machen, wird ins Handeln kommen, wird aufbrechen und losgehen. Wer sehnsüchtig ist, gibt sich nicht zufrieden mit dem, was ist, der streckt sich nach etwas anderem aus. Der glaubt daran, dass Leben mehr ist als die fröhliche Frühstücksmargarine, der Urlaub auf den Kanaren, die neue Wohnlandschaft, die sowieso in keine Drei-Zimmer-Wohnung passt. Wer sehnsüchtig ist, fängt an zu suchen.

Das ist Advent.

Das ist die Zeit, in der meine Sehnsucht leben und wachsen darf – die Sehnsucht nach gelingendem Leben trotz all meiner Gebrochenheit. Die Sehnsucht, dass mich etwas trägt und hält durch all mein Scheitern hindurch. Die Sehnsucht danach, dass da doch irgendwie mehr sein muss.

Zugegeben, manche verwechseln das mit dem neuen Flachbildfernseher oder dem Besuch des Musicals in Hamburg. Und dann taucht das auf dem Wunschzettel für Weihnachten auf.

Sehnsucht aber will mehr, greift tiefer, meint mich ganz. Davon erzählen die alten Texte und die Lieder in den Gottesdiensten: »Tauet, Himmel, den Gerechten!« An Weihnachten bekommt die Sehnsucht Hand und Fuß und ein Gesicht – für den, der seiner Sehnsucht traut.

Und genau das gilt es, im Advent zu lernen – meiner Sehnsucht zu trauen.

Dezember

Aufbruch

Advent – meiner Sehnsucht trauen lernen. Den Mut bekommen, neu aufzubrechen, loszugehen, auf der Spur meiner Sehnsucht. Auf die Stimme des Engels hören, dem Stern folgen, der Verheißung glauben.

Ich gebe zu, die »To-do-Listen« in diesen Tagen sehen bei den meisten anders aus: Weihnachtspost schreiben, Geschenke organisieren, Lachs vorbestellen, Parkplatz suchen, Adventsfeiern, Plätzchen backen ... Okay – das alles kann helfen, dass Weihnachten dieses Jahr zu einem tollen Fest wird.

Advent aber will mehr.

Advent will, dass mein Leben zu einem Fest wird.

Advent will meinen Aufbruch ins Leben.

Und dann mag es nicht so wichtig sein, ob die Fenster geputzt sind, alle Weihnachtspost geschrieben ist, die Päckchen rechtzeitig zur Post gebracht sind. Dann kann es wichtiger sein, eine halbe Stunde in der stillen Kirche zu sitzen, ein gutes Buch zu lesen, den Vögeln am Futterhäuschen zuzuschauen.

Damit die Sehnsucht wachsen kann, braucht es Zeiten der Stille, des Hörens, des Schauens, des Seins – und nicht noch mehr Zeiten des Tuns und Machens.

Advent will Sehnsucht.

Noch ist es nicht zu spät dafür.

Loslassen

Wer in seiner Sehnsucht ankommen will, muss aufbrechen – und wer aufbrechen will, muss loslassen lernen. Wer das nicht kann oder nicht will, wird zu Hause bleiben. Aber dann werde ich auch Weihnachten nicht entdecken können.

Loslassen, all das, was mich bindet und festhält. Die vielen »man sollte aber noch ...« und »das haben wir doch schon immer so gemacht«. So wird man Weihnachten nicht finden, sondern nur das, was schon immer so war. Weihnachten aber ist neu und anders. Und man muss es suchen gehen, so wie sich die Hirten auf den Weg gemacht haben und ihre Herden zurückgelassen haben. Und wie die drei weisen Männer aus dem Osten den Mut hatten, einem Stern zu folgen, der noch nie da war.

Die Einwohner von Betlehem, die zu Hause geblieben sind, haben Weihnachten nicht gefunden. Zumindest wird nichts davon erzählt, dass einer von ihnen an der Krippe auftauchte.

Loslassen, sich nicht besitzen lassen von dem, was man besitzt. Nicht darauf fixiert sein, alles festzuhalten und zu behalten. Loslassen, um offen zu werden für das andere – Weihnachten.

Übrigens: »Die Dinge loszulassen bedeutet nicht, sie loszuwerden. Sie loslassen bedeutet, dass man sie sein lässt.« (Jack Kornfield, US-amerikanischer Buddhist).

Das ist Advent.

Unbehaust

Advent – Aufbruch ins Leben ...

Advent ruft heraus – weil da eine Sehnsucht ist. Da muss doch mehr als alles sein. Ja, da ist mehr. Da ist mehr als all das, mit dem ich mich zufriedengegeben habe. Das, was ist, reicht nicht.

Die Farbe der Sehnsucht ist lila, sagte kürzlich ein Freund. Weil meine Sehnsucht mich lehrt, welche Wege nicht zum Leben führen. Weil ich vielleicht umkehren muss, aus Sackgassen und Holzwegen.

Weil ich vielleicht erkennen muss, dass ich in der Schule des Lebens erfolgreich sitzengeblieben bin. Weil ich aus meinem Leben nicht das gemacht habe, was ich hätte machen können.

Advent lädt dazu ein, sich von all dem zu verabschieden – von den Holzwegen und Sackgassen und Wohnlandschaften meines Lebens. Und neu den Aufbruch zu wagen ... noch mal zu beginnen.

Wer aufbricht, der verlässt die Sicherheiten, der macht sich auf den Weg, der setzt sich Wind und Wetter aus, der riskiert was.

In dem Sinn ist Advent gefährlich. Wer adventlich lebt, zeigt sich, kommt hervor, macht sich berührbar. Der ist auf dem Weg ... unbequem und unbehaust.

Aber der ist in guter Gesellschaft: mit Maria und Josef unterwegs, mit den drei Weisen, die dem Stern folgen, mit den Hirten, die ihre Herden verlassen.

Aufbruch ins Leben.

Advent.

Hoffnung

Angekommen

Der Wind pfeift rau. Dunkelheit umgibt mich. Mutterseelenallein. Ich habe den Weg verloren, sehe den Stern nicht mehr, der mich geführt hat. Es ist kalt – und ich bin müde geworden.

Doch – ist da nicht ein Klang? Eine leise Melodie? Flackert da nicht ein kleines Licht? Zaghaft gehe ich näher. Ein Verschlag aus Holz, ein wenig Schutz vor dem Wind. Eine Kerze in einer alten Laterne, es ist ein bisschen weniger dunkel. Ein leises Summen, sanfte, wiegende Töne. Auf dem Boden Reste von Stroh.

Und in der Krippe ein Kind.

Seine großen Augen schauen mich an, fragend. Sein Mund lächelt. Und es streckt mir seine Arme entgegen.

Und ich falle auf meine Knie – und einen Augenblick lang spür ich: Angekommen!

Weihnachten.

Klein. Armselig. Ganz anders. Und doch. Eine Flamme, ein Klang, ein wenig Schutz inmitten der Nacht.

Und ich möchte bleiben – und weiß doch ... ich kann es nicht festhalten.

Und da höre ich das Kind sagen: »Nimm es in dein Herz! Nimm mich in dein Herz! Dann bin ich bei dir, wo immer du auch bist.«

Eine Flamme, ein Klang, ein wenig Schutz inmitten der Nacht.

Und ich nehme es in mein Herz – klein, armselig, ganz anders. Weihnachten. Und breche wieder auf und gehe weiter – mit Weihnachten im Herzen.

Übergänge

Wunderkerzen

Es ist ein Abend mit einer ganz eigenen Stimmung für mich – Silvester.

Etwas geht zu Ende, etwas fängt neu an. Übergang ist angesagt. Und Übergänge brauchen Rituale. Die können dabei helfen, von dem einen zum anderen zu kommen.

»Dinner for one« ist so ein Ritual, der Gottesdienst am Abend und das Lied »Von guten Mächten wunderbar geborgen«, ein schönes Abendessen. Und dann kurz vor zwölf Uhr an der Ems stehen, auf das Geläut der Glocken zu warten, eine kleine Flasche Sekt in der Jackentasche, zwei Gläser – und Wunderkerzen ...

Die Wunderkerzen sind neu in dem Ritual. Das ist unser kleines privates Feuerwerk. Das ist der Ausdruck unseres Vertrauens, dass es auch im neuen Jahr funkeln wird – mit Gott.

Die aber um Mitternacht an der Ems anzuzünden, kann bei dem Wind schon eine Herausforderung sein. Und das gilt auch für das Leben, gelegentlich ist das mit dem »Funkeln« gar nicht so einfach. Manchmal bläst der Wind rau.

Auch das neue Jahr wird seine Wunderkerzen haben – und es wird den einen oder anderen Sturm geben. An Silvester üben wir das schon mal – und zumindest an der Ems haben wir bisher noch jede Wunderkerze entzündet bekommen.

In dem Sinn – l'chaim! Auf das Leben! Herzlich willkommen, neues Jahr!

Ich bin neugierig ...

Nachwort

Lieber Leser, liebe Leserin,

erinnern Sie sich noch an das Vorwort?

»Ehrlicherweise möchte ich deshalb sagen, dass das Lesen dieses Buches durchaus Konsequenzen haben kann. Es könnte sein, dass Sie anschließend mit Kreuzworträtseln, Quittungen und Prospekten anders umgehen als bisher. Und da die Texte keinen Anspruch auf Vollständigkeit erheben – ganz im Gegenteil! –, könnte es auch sein, dass Sie neugierig darauf werden, wo und wie Sie mitten im Alltag Gott entdecken können, z. B. beim Warten an der Bushaltestelle, dem Klingeln an der Tür oder beim Abheften eines Briefes in einem Aktenordner.

Für mich wäre das mehr als in Ordnung – aber sagen Sie bitte anschließend nicht, ich hätte Sie nicht gewarnt!«

Denn wenn man sich mitten im Alltag auf Gott einlässt, dann kann es ein wenig verrückt werden ...

Die Verrückten kommen wieder

Es war viel gewesen im Frühjahr – und so nutzte ich kurz vor Pfingsten zwei Tage ohne Termine zu einer Mini-Auszeit auf der Insel.

Am Abend ging ich essen, am Nachbartisch saßen vier junge Männer, schon sichtlich angeheitert. Lautstark bestritten sie ihre Unterhaltung, warfen mit Pommes um sich, beschwerten sich über die Rechnung. Und irgendwann musste wohl auch schon mal ein Glas umgefallen sein, denn unter ihrem Tisch war alles nass.

Nachdem sie endlich gegangen waren, atmeten alle im Lokal hörbar auf – und eine wunderbare Ruhe kehrte ein.

Als der Kellner bei mir kassierte, machte ich ihn auf das Chaos unter dem Tisch aufmerksam. Er schaute kurz hin und sagte nur ganz trocken: »Pfingsten – die Verrückten kommen wieder!«

Pfingsten, die Verrückten kommen wieder. Irgendwie kam mir das doch bekannt vor. Das könnte ein Einwohner von Jerusalem gesagt haben, als er das Auftreten der Jünger damals erlebte. Die Vermutung, dass sie betrunken sein könnten, kam wohl nicht von ungefähr. Sie haben sich bestimmt nicht so rüpelhaft benommen wie die jungen Männer am Nachbartisch – aber befremdlich und anders genug dürfte es schon gewesen sein. Fremde Sprachen, begeistert, erfüllt vom Heiligen Geist ...

Pfingsten – die Verrückten kommen wieder. Nein, ich glaube, es besteht keine Gefahr, dass irgendjemand das über uns Christen sagt. Wir sind doch ganz froh, wenn alles seinen Gang geht, alles seine Ordnung hat, es nicht zu laut und zu wild zugeht. Und wunderbar, wenn endlich wieder Ruhe einkehrt.

Aber wenn wir den Heiligen Geist wirklich bei uns ankommen lassen, dann müssten wir eigentlich auch ein klein bisschen verrückt, also ver-rückt werden. Dann dürfte eben nicht alles so weitergehen wie bisher, dann ist Ruhe nicht mehr die erste Bürgerpflicht. Dann müsste es uns durcheinanderwirbeln, müsste ein bisschen Chaos entstehen, ein wenig Durcheinander.

Klar, ich meine damit nicht, dass wir wie die jungen Männer da am Nachbartisch werden sollen. Mit Pommes rumzuwerfen ist garantiert keine Eingebung des Heiligen Geistes.

Aber wenn wir Pfingsten wirklich ernst nehmen, dann müsste es irgendwie einen Unterschied erzeugen, dann müsste anschließend irgendetwas anders sein. Weil wir uns haben ver-rücken lassen, einen anderen Blickwinkel einnehmen, weil der Geist in uns wirkt.

Dann könnte es vielleicht sogar zu einem Kompliment werden, wenn jemand über uns sagt: Pfingsten – die Verrückten kommen wieder.

Über die Autorin

Andrea Schwarz, geboren 1955, ausgebildete Industriekauffrau und Sozialpädagogin, ist seit vielen Jahren in der katholischen Gemeindearbeit tätig. Sie lebt im Emsland und ist Pastorale Mitarbeiterin der Diözese Osnabrück. Außerdem ist sie eine gefragte Referentin und Trainerin und unterstützt ehrenamtlich Projekte der Mariannhiller Schwestern in Südafrika. Sie gehört zu den meistgelesenen christlichen SchriftstellerInnen unserer Zeit.

Über das Buch

Die vorliegenden Texte wurden in den Jahren 2014–2015 im Katholischen Sonntagsblatt, der Kirchenzeitung für die Diözese Rottenburg-Stuttgart, erstmalig veröffentlicht und für dieses Buch um weitere Beiträge ergänzt.

Hinweis

Der Zeitpunkt des Osterfestes wechselt von Jahr zu Jahr. Dies liegt daran, dass der Termin immer auf den ersten Vollmond nach Frühlingsbeginn fällt. So wird Ostern frühestens am 22. März und spätestens am 25. April gefeiert.

Die Abfolge der vorliegenden Texte ist auf das Jahr 2016 ausgelegt.

Für die Nutzung des Buches in den darauffolgenden Jahren verwenden Sie daher bitte die Texte ab S. 19 (Februar/März) für die Fastenzeit, für die Osterzeit ab S. 26 mit Texten zu den sieben Gaben des Heiligen Geistes als Vorbereitung auf das Pfingstfest. Bei einem späteren Osterfest (nach dem 27. März) ziehen Sie bitte die Texte eines späteren Monats vor, z. B. des Monats Juni, und steigen dann zu gegebenem Zeitpunkt wieder in den Zyklus ein.